UNION DES SYNDICATS PATRONAUX DES INDUSTRIES TEXTILES

DE FRANCE

CONFÉRENCE

FAITE PAR

M. SCRIVE-LOYER

AU COMITÉ DE

L'UNION DES SYNDICATS PATRONAUX DES INDUSTRIES TEXTILES

(23 mai 1912)

au sujet de l'Humidité
et de la Température dans les ateliers textiles

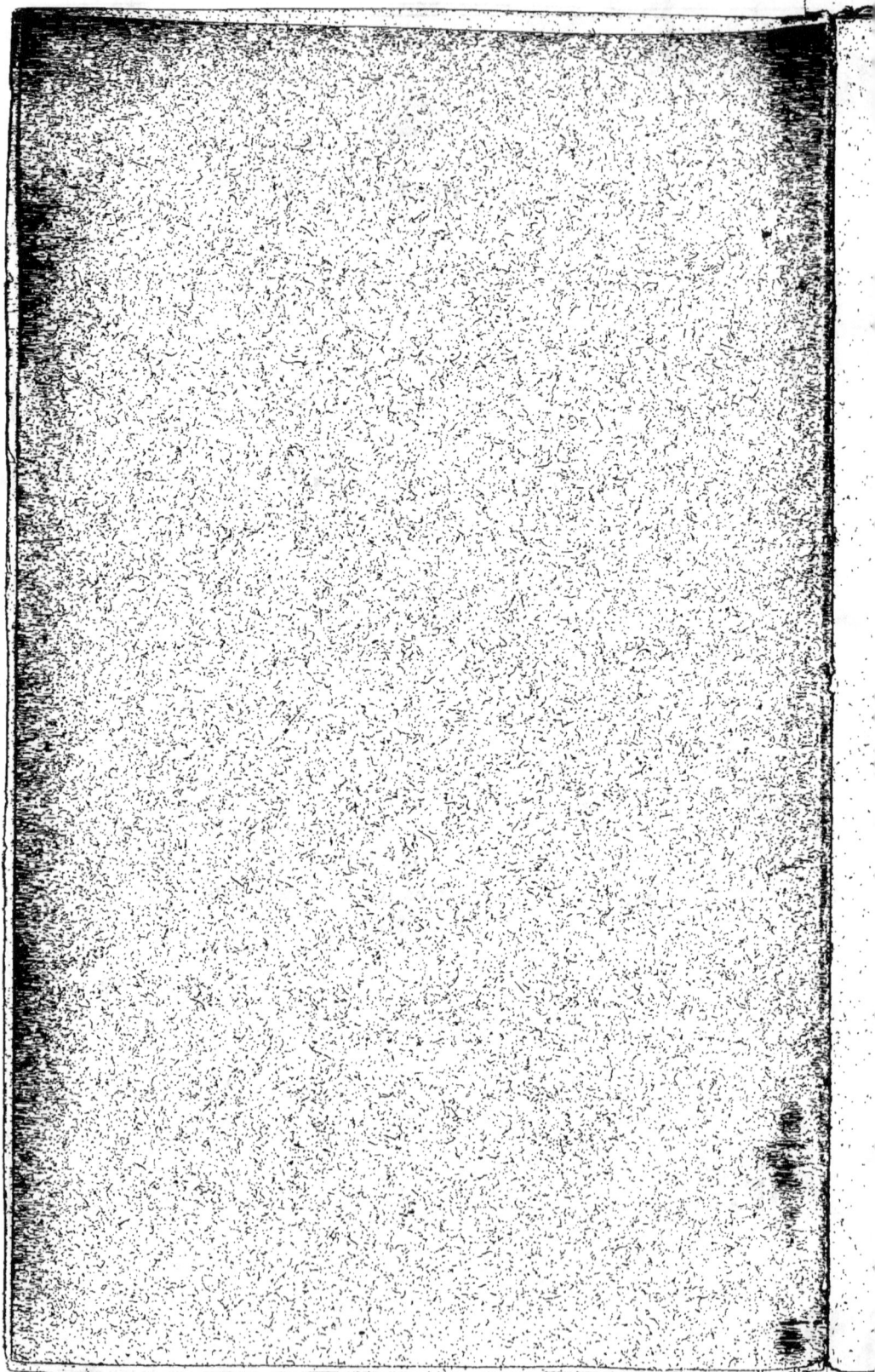

UNION DES SYNDICATS PATRONAUX DES INDUSTRIES TEXTILES

DE FRANCE

CONFÉRENCE

FAITE PAR

M. SCRIVE-LOYER

AU COMITÉ DE

L'UNION DES SYNDICATS PATRONAUX DES INDUSTRIES TEXTILES

(23 mai 1912)

au sujet de l'Humidité
et de la Température dans les ateliers textiles

SOMMAIRE

CONFÉRENCE

FAITE PAR

M. SCRIVE-LOYER

AU COMITÉ DE

L'UNION DES SYNDICATS PATRONAUX DES INDUSTRIES TEXTILES

(23 mai 1912)

**au sujet de l'Humidité
et de la Température dans les ateliers textiles**

En 1909, les 26, 27 et 28 novembre, eut lieu à Reims un congrès, dit « Congrès de la prévention des accidents du travail et de l'hygiène industrielle ».

Ce congrès avait M. Paul Razous comme Président et MM. Bocquet et Lallemant comme vice-Présidents. Il réunit plusieurs professeurs de médecine, en particulier le docteur Jeanbreau, professeur de la Faculté de médecine de Montpellier, et beaucoup d'Inspecteurs du travail : MM. Chevalier, inspecteur du travail à Nancy, Paul Belon à Marseille, P. Boulin à Lille, Berthiot à Dijon, Bris à Versailles, Cavalier à Castres, Bauquis à Grenoble, Pouillot à Reims, qui tous présentèrent des rapports à l'une des six sections dont se composait le congrès.

M. Boulin, Inspecteur divisionnaire du travail à Lille, présenta dans la cinquième section — celle de l'amélioration de l'hygiène du travail, — un rapport « sur la ventilation et l'humidification dans l'industrie textile, envisagées au point de vue de l'hygiène ». Le résumé de ce rapport est donné dans le n° 163 du *Bulletin de la Société industrielle de Lille,* p. 876.

Depuis lors, M. Boulin a continué à étudier la question de l'humidification au point de vue de l'hygiène et a publié toute une série d'intéressantes études dans la *Revue scientifique* (*numéros du 8 octobre 1910 et du 8 avril 1911*).

En 1909, à la suite du congrès de Reims, le *Comité de filature et de tissage de la société industrielle de Lille* que je présidais avait estimé qu'il ne pouvait rester étranger à une question aussi importante.

Après une série de tâtonnements, d'enquêtes auprès des industriels ou des groupements intéressés, qui ne purent nous donner la certitude et la précision qui nous étaient nécessaires dans une question aussi importante, M. Neu, ingénieur à Lille, se chargea de la partie technique de l'étude, tandis que je me chargeais d'analyser les législations étrangères qui s'étaient occupées ou qui auraient pu s'occuper de l'humidification.

Ce sont les résultats de ces études que je vais avoir l'honneur de vous faire connaître.

PREMIÈRE PARTIE

LA LÉGISLATION DES DIVERS ÉTATS INDUSTRIELS

Tout d'abord, je vais vous faire passer brièvement en revue ceux des règlements d'hygiène industrielle des divers États pour lesquels j'ai pu avoir des renseignements précis.

1° ALLEMAGNE

Les prescriptions relatives à l'hygiène industrielle sont inscrites dans la loi du 8 mai 1891. L'article 120 a de cette loi donne pouvoir au Conseil fédéral d'édicter, en vertu d'une délégation générale, toutes les ordonnances que les circonstances commanderont.

Le 30 juin 1900 [1] une codification nouvelle (Gewerbeordnung) fut établie, qui reprenait ces diverses ordonnances mais laissait subsister, sans modification, les articles concernant l'hygiène

(1) Voir *Ann. belge de la législation du travail*, 1900, p. 350.

des ateliers pour les industries non classées comme insalubres.

Voici le texte de l'article 120 *a* de la loi du 8 mai 1891 relatif à l'aménagement intérieur des usines : éclairage, volume d'air, expulsion des poussières, gaz, vapeurs :

« *Les industriels doivent installer et entretenir les ateliers, le matériel, les machines et les outils, de manière à ce que les ouvriers ne puissent courir aucun danger pour leur vie et leur santé, dans la mesure du genre de fabrication. Ils doivent tenir compte particulièrement de la suffisance de lumière et du renouvellement de l'air, de la captation des poussières qui se produisent pendant le travail, des gaz, et des odeurs pouvant se dégager, enfin de l'enlèvement des déchets* ».

Dans ce texte, comme on peut le voir, il n'est nullement parlé de la question qui nous préoccupe mais, en outre, le texte de la loi prévoit une certaine tolérance, puisqu'il y est indiqué que les industriels **doivent entretenir leurs ateliers dans la mesure compatible avec le genre de fabrication.**

En outre, dans la disposition finale de cette loi (art. 120 *in fine*) on impose bien à l'industriel l'obligation d'établir un règlement de fabrique dans lequel il devra se conformer scrupuleusement aux prescriptions légales concernant l'aération, l'enlèvement des buées, on l'oblige bien à soumettre ce règlement au Bundesrath (Conseil fédéral) pour que celui-ci en apprécie la régularité mais, d'autre part, le Comité de la corporation dont il fait partie doit donner son avis.

Le fait que ce Comité de la corporation doit formuler son avis donne une garantie aux industriels et les met à l'abri de décisions de l'autorité, incompatibles avec leur genre d'industrie. Ce Comité est d'autant plus prudent, qu'une fois que le règlement est admis, les autorités de police peuvent, sur le simple rapport des inspecteurs des fabriques, mettre en demeure l'industriel de s'y conformer et même l'y contraindre.

Nous doutons, dans ces conditions, que les prescriptions de la loi anglaise aient chance d'être introduites dans la loi allemande.

2° AUTRICHE-HONGRIE (1)

Autriche. — L'hygiène industrielle est régie par la loi du 17 juin 1883 sur l'inspection des fabriques et par la loi du 8 mars 1885 qui prescrit une série de mesures analogues à celles contenues dans la loi allemande.

Hongrie. — La Hongrie possède une législation spéciale très complète sur l'hygiène et la sécurité des ateliers : la loi du 11 décembre 1893; le degré maximum de température pas plus que le degré hygrométrique des ateliers, n'ont été envisagés dans les prescriptions de cette loi.

3° BELGIQUE

L'hygiène industrielle est régie en Belgique :

1° Par la loi du 2 juillet 1899, dont l'article 1er autorise expressément le gouvernement à prendre toutes les mesures propres à assurer la salubrité des ateliers et la sécurité des ouvriers dans les entreprises industrielles et commerciales qui ne sont pas classées comme insalubres et dangereuses;

2° Par le règlement général, en application de l'article 1er de la loi, prescrivant les mesures à observer en vue de protéger la santé et la sécurité des ouvriers dans les entreprises industrielles et commerciales, assujetties à la loi du 28 décembre 1903 (arrêté royal du 30 mars 1905, *Moniteur* du 16 avril 1905).

Nous allons nous étendre sur les différents articles de cette loi; voici les mesures que, dans sa section I (salubrité), l'article 3 prescrit aux industriels : « *Dans les locaux fermés affectés au travail, chaque ouvrier disposera d'un cube d'air de 10 mètres cubes au moins.*

» *Les locaux auront une hauteur de 2m,50 au moins, ils seront en tous temps convenablement ventilés; à cet effet, on adoptera des dispositifs permettant d'introduire l'air neuf et d'évacuer l'air vicié, à raison de 30 mètres cubes au moins par heure et par travailleur.*

» *Dans les locaux des établissements où le travail revêt un caractère spécial d'insalubrité, le renouvellement d'air sera de 60 mètres cubes au moins par heure et par travailleur, la ven-*

(1) Voir *Traité de législation industrielle*, Paul Pic (Arthur Rousseau, 1903).

tilation se pratiquera dans des conditions telles qu'il ne puisse en résulter d'incommodité pour les ouvriers ».

L'article 4 ajoute : « *Pendant les interruptions de travail, si les circonstances le permettent, l'atmosphère des locaux sera renouvelée par des chasses d'air* ».

Puis, d'après l'article 5 : « *Les mesures indiquées par les circonstances seront prises à l'effet d'empêcher les buées, vapeurs, gaz ou poussières de se répandre dans les salles de travail* ».

Les articles 7 et 8 prescrivent que les mesures nécessaires soient prises pour éviter que se produisent le surchauffement des locaux et la viciation de l'air.

Pendant la saison froide, les locaux seront convenablement chauffés ; en été, ils seront garantis autant que possible contre l'élévation exagérée de la température.

L'article 13 dispose que, dans les locaux où des quantités notables de liquide peuvent être répandues, le sol sera imperméable, et disposé de manière à éviter toute stagnation.

Enfin, l'article 18 édicte que les industriels doivent veiller à ce que les eaux employées dans les salles de travail, soit en pulvérisation, soit en arrosage, soient des eaux non polluées.

Ce sont les inspecteurs du travail qui sont chargés de surveiller l'exécution de cet arrêté.

Comme on le verra aisément, l'arrêté royal du 30 mars 1905 ne prescrit pas de mesures spéciales pour le degré maximum de température, et seul le renouvellement de l'air prescrit dans ce décret peut être une cause de difficultés pour les industriels de la laine et du coton, mais le décret spécifiant à l'article 4 cette réserve « *si les circonstances le permettent* », une tolérance se trouve, de ce fait, accordée aux industriels.

4° ANGLETERRE

Nous arrivons maintenant à l'Etat qui s'est le plus occupé de la question.

A l'heure actuelle, la réglementation industrielle est consignée en Angleterre dans la loi sur les fabriques du 27 mai 1878, amendée successivement en 1891, 1895, 1897, et finalement codifiée dans la loi du 17 août 1901 en vigueur depuis le 1er janvier 1902 (1).

---

(1) *Bulletin de l'Office international du travail*, 1902, p. 256.

A la suite de réclamations faites par les ouvriers de l'industrie textile, principalement ceux du Lancashire, au sujet de la chaleur et de l'humidité régnant dans **les tissages où l'humidification était produite été comme hiver par des jets de vapeur,** le Local Government Board dont le Président a rang de ministre d'Etat et qui centralise en Angleterre toute l'hygiène publique, nomma une commission sous la présidence de Sir Henry Rescoe.

Cette commission fit une enquête approfondie et élabora un projet de règlement. A ce règlement était annexée la table qui accompagne la loi industrielle anglaise et qui fixe le degré d'humidité relative qu'il convient de ne pas dépasser pour une température déterminée, table qui vous a été communiquée (1).

Depuis lors, de nombreuses commissions furent nommées pour étudier la question : après la première commission qui fonctionna dès 1901, une seconde fut nommée en 1902, une troisième en 1907, enfin une quatrième l'année dernière. Cette dernière fut présidée par Sir Hamilton Smith. On pourra lire les conclusions de cette commission dans l'intéressant article de M. Boulin « sur les indications de l'hygrométrie, et les indications de l'hygiène des ateliers », mais le nombre considérable de commissions qu'il a fallu réunir pour étudier et amender la loi anglaise, prouve les difficultés de son application (V. *Revue scientifique* du 8 octobre 1910, p. 460).

D'après les articles 90 et 96 de la loi du 17 août 1901 plusieurs extraits et formules ont été rédigés, nous en donnons la traduction ci-après :

Loi du 17 août 1901.

A. — TISSAGES DE COTON.

Extrait 313 (juin 1909) *concernant les manufactures de tissages de coton humidifiées.*

« *Le présent extrait doit être affiché dans l'usine, là où il peut être lu facilement ; il s'applique à toute salle, shed, atelier ou partie d'atelier, dans lesquels se fait le tissage du coton,*

(1) V. p. 15.

et dans lesquels l'humidité de l'atmosphère est produite par un moyen artificiel quelconque, sauf par le gaz employé seulement pour l'éclairage.

» 1° *Thermomètres.* — Chaque salle doit être pourvue de deux groupes de thermomètres à boule sèche et humide, étalonnés et maintenus en bon fonctionnement; ils doivent être suspendus de façon à être facilement visibles par les ouvriers, un groupe au milieu de la salle, l'autre sur le côté ou à tout autre endroit désigné ou approuvé par l'inspecteur.

» 2° *Feuille d'humidité.* — On doit lire les indications du thermomètre trois fois par jour, à savoir : entre sept et huit heures, dix et onze heures du matin, et entre trois et quatre heures du soir; les lectures doivent chaque fois être inscrites sur la feuille d'humidité (formule 317).

» La feuille pour le mois courant doit être suspendue près de chaque groupe de thermomètres. A la fin du mois, les feuilles, dûment remplies, doivent être envoyées à l'inspecteur, des copies étant conservées à l'usine pour toute référence; les feuilles sont des témoignages « prima facie » de la température et de l'humidité réelles.

» 3° *Table d'humidité.* — Une copie de la table d'humidité (formule 315), encadrée et sous verre, doit rester suspendue près de chaque groupe de thermomètres (1).

» 4° *Température.* — La température donnée par la lecture du thermomètre à boule sèche ne doit à aucun moment être élevée artificiellement au-dessus de 21°,50, à moins qu'elle puisse être nécessaire à l'humidification de l'atmosphère ou dans l'emploi du gaz comme éclairage.

» 5° *Tuyaux de vapeur.* — Si la température atteint ou dépasse 21°,50 les tuyaux de vapeur, à l'intérieur de l'usine :

» a) *doivent être d'un diamètre et d'une longueur aussi petits que cela est pratiquement possible;*

» b) *doivent être recouverts d'une matière non conductrice à la satisfaction de l'inspecteur, de façon à dégager le minimum de chaleur dans la salle.*

» 6° *Limites d'humidité.* — L'humidité de l'air ne doit à aucun moment dépasser la limite indiquée dans la table d'humidité;

---

(1) V. le texte, p. 15.

pour chaque lecture du thermomètre à boule sèche indiquée par la colonne 2 de la table, on trouvera sur la même ligne, dans la colonne 3, le chiffre le plus élevé pour le thermomètre à boule humide, conforme à cette limite.

» Ainsi, si la lecture du thermomètre à boule sèche donne 21°,50, une lecture du thermomètre à boule humide dépassant 20°,25, nombre correspondant donné par la colonne 3, montrera que l'humidité dépasse les limites légales.

» 7° *Pureté de la vapeur.* — La vapeur produite pour humidifier doit, soit :

» *a*) venir d'un réservoir d'eau potable, ou de toute autre source d'eau pure;

» *b*) être efficacement purifiée, à la satisfaction de l'inspecteur, avant d'être introduite dans la salle sous forme de vapeur.

» 8° *Conduits.* — Tout conduit servant à l'introduction de la vapeur doit être tenu en état de propreté.

» 9° *Ventilation.* — La ventilation doit être faite de façon à ce que, pendant les heures de travail, la proportion d'acide carbonique, dans une partie quelconque de la salle, n'excède pas les 9/10.000 du volume de l'air.

» 10° *Toit.* — A moins qu'une autre méthode reconnue par l'inspecteur comme étant également satisfaisante ne soit adoptée, l'extérieur du toit doit être blanchi tous les ans avant le 31 mai, et le blanchiment doit rester efficace jusqu'au 31 août.

» On doit inscrire la date de chacun de ces blanchiments dans la partie VI du registre général.

» 11° *Vestiaire.* — Un ou plusieurs vestiaires, suffisants et aérés et maintenus à une température convenable, doivent être installés pour toutes les personnes employées dans toute usine construite après le 2 février 1898.

» 12° *Avertissement d'humidification.* — Un avertissement (écrit), formule 61, doit être envoyé à l'inspecteur en chef des usines au moment ou avant le moment où commence l'humidification dans une usine. Les conditions stipulées dans la présente formule demeurent en vigueur jusqu'à ce qu'un avertissement par écrit de cessation d'humidification soit envoyé à l'inspecteur en chef.

» Les communications et avertissements prévus par le présent extrait doivent être envoyés comme suit :

Avertissement d'humidification
(formule 61)
Relevé d'humidification
(formule 317)

} H. M... Inspecteur en che
des usines *Home Office*
Londres S. W.

Autres communications

{ A l'inspecteur de district dont le nom
et l'adresse se trouvent sur l'extrait
relatif aux ateliers textiles ».

D'après les prescriptions du Local Government Board, les industriels sont tenus, pour leurs déclarations, de faire usage de formules dont nous donnons ci-après la traduction, parce que les observations qui accompagnent ces formules sont de nature à résumer et à préciser les dispositions de la loi :

Formule 61 (mars **1912**) *pour l'avis d'humidification à envoyer à l'inspecteur en chef des usines quand on commence ou qu'on cesse d'employer l'humidité artificielle*(1) :

« Conformément au paragraphe 93 de la loi de 1901, concernant les usines et ateliers, je vous avertis par le présent avis que, dans les ateliers textiles de...   , où a lieu la fabrication (indiquer la substance employée) et dont je suis l'occupant, l'humidité de l'atmosphère sera, jusqu'à nouvel avertissement (écrire « cessera d'être » dans le cas de cessation d'humidification), produite artificiellement dans les salles, sheds ou ateliers ci-dessous nommés :

Salles, sheds ou ateliers	Procédé.
Nom ou numéro distinctif de chacun.	Indiquer filature ou tissage; en cas de filage de mérinos, cachemire ou laine, indiquer en outre si c'est par le procédé français ou à sec, ou par un autre procédé.

» (*Signature de l'occupant, date*   ) ».

(1) Applicable non seulement aux manufactures de tissage mais encore à tous les établissements textiles humidifiés (*Dernière édition de la formule*).

B. — Usines textiles humidifiées autres
que les tissages de coton.

« **Extrait 314 (mai 1910)**. *Extrait prescrit par le secrétaire d'Etat sur les dispositifs spéciaux de la loi ci-dessus, relatifs aux usines textiles humidifiées autres que les tissages de coton* (1).

» *Ce règlement doit rester affiché dans l'usine de manière à pouvoir être facilement lu.*

» *Il s'applique à tout atelier dans lequel l'humidification se fait par la vapeur ou par tout autre moyen mécanique, dépendant d'une usine textile qui n'est ni une manufacture de tissus de coton ni assujettie aux lois ou règlements spéciaux relatifs à l'humidification. Pour les tissages de coton, un extrait spécial est prescrit (formule 313)* (2).

» *Thermomètre.* — 1. Chaque salle doit être pourvue de deux groupes de thermomètres, à boule sèche et humide, étalonnés, maintenus en bon fonctionnement. Ils doivent être suspendus de façon à être parfaitement visibles pour tous les ouvriers, un groupe au milieu de la salle, l'autre sur le côté ou tout autre endroit désigné par l'inspecteur.

» *Registre d'humidité.* — 2. On doit lire les indications des thermomètres deux fois par jour, entre dix et onze heures du matin et trois et quatre heures du soir; les observations doivent être inscrites sur les feuilles d'humidité (formule 317). Les feuilles d'humidité du mois courant doivent être suspendues près de chaque groupe de thermomètres.

» A la fin du mois, les feuilles dûment remplies doivent être envoyées à l'inspecteur, des copies étant gardées à l'usine pour toute référence. Les registres sont des témoignages « prima facie » de la température et de l'humidité réelles.

» (Les paragraphes 2 et 3 ne s'appliquent pas aux filatures de coton).

» *Table d'humidité.* — 3. Une copie de la table d'humidité (formules **315** ou **316**) encadrée et sous verre doit rester suspendue près de chaque groupe de thermomètres (3):

---

(1) *Dernière édition de la formule.*
(2) Reproduite plus haut p. 10.
(3) V. p. 196-197, *Annuaire belge, Législation du travail*, 1901.

Limites maxima d'humidité atmosphérique à des températures données.

GRAMMES de vapeur d'eau par mètre cube d'air.	RELEVÉS du thermomètre à boule sèche		RELEVÉS du thermomètre à boule humide		POURCENTAGE d'humidité. Saturation = 100.
	Fahrenheit.	Centigrade.	Fahrenheit.	Centigrade.	
11,66	60	15 3/4	58	14 3/4	88
11,89	61	16 1/4	59	15 1/4	88
12,35	62	17	60	15 3/4	88
12,41	63	17 1/2	61	16 1/4	88
13,26	64	18	62	17	88
13,73	65	18 1/2	63	17 1/2	88
14,18	66	19	64	18	88
14,64	67	19 3/4	65	18 1/2	88
15,09	68	20 1/4	66	19	88
15,78	69	21	67	19 3/4	88
16,24	70	21 1/2	68	20 1/4	88
—	71	22	68,5	20 1/2	85,5
—	72	22 1/2	69	21	84
16,92	73	23	70	21 1/2	84
—	74	23 1/2	70,5	21 3/4	81,5
17,50	75	24	71,5	22 1/4	81,5
17,61	76	24 3/4	72	22 1/2	79
18,30	77	25 1/4	73	23	79
—	78	25 3/4	73,5	23 1/3	77
18,87	79	26 1/4	74,5	23 3/4	77,5
19,55	80	26 3/4	75,5	24 1/3	77,5
19,67	81	27 1/4	76	24 3/4	76
19,78	82	28	76,5	25	74
20,24	83	28 1/2	77,5	25 1/2	74
20,36	84	29	78	25 3/4	72
21,04	85	29 1/2	79	26 1/4	72
21,73	86	30 1/4	80	26 3/4	72
21,84	87	30 3/4	80,5	27	71
22,64	88	31 1/4	81,5	27 3/4	71
23,44	89	31 3/4	82,5	28 1/4	71
23,55	90	32 1/4	83	28 1/2	69
23,66	91	32 3/4	83,5	28 3/4	68
24,47	92	33 1/2	84,5	29 1/4	68
25,16	93	34	85,5	30	68
25,39	94	34 1/2	86	30 1/4	66
26,30	95	35 1/4	87	30 3/4	66
26,99	96	35 3/4	88	31 1/4	66
27,22	97	36 1/2	88,5	31 1/2	65,5
27,45	98	37	89	31 3/4	64
28,12	99	37 1/2	90	32 1/4	64
29,05	100	38	91	32 3/4	64

» *Température.* — 4. La température indiquée par la lecture du thermomètre à boule sèche ne doit à aucun moment être élevée artificiellement au-dessus de 21°,50 centigrades (70 Fahrenheit) à moins qu'elle puisse être nécessaire à l'humidification de l'atmosphère ou pendant l'emploi de l'éclairage au gaz seulement.

» *Humidité.* — 5. L'humidité de l'air ne doit à aucun moment dépasser la limite indiquée dans la table d'humidité; pour chaque lecture du thermomètre à boule sèche, indiquée par la colonne 2 de la table, on trouvera sur la même ligne, dans la colonne 3, le chiffre le plus élevé, conforme à cette limite, pour le thermomètre à boule humide. Ainsi, si la lecture du thermomètre à boule sèche donne 21°,50, une lecture du thermomètre à boule humide dépassant 21°,25 (nombre correspondant donné dans la colonne 3) montrera que l'humidité dépasse les limites légales.

» *Ventilation.* — 6. Les dispositions prescrites pour la ventilation par le secrétaire d'Etat doivent être observées.

» *Avertissement d'humidification.* — 7. Un avertissement écrit (formule 61) doit être envoyé à l'inspecteur en chef des usines au moment, ou, avant le moment où l'on commence à se servir de l'humidité artificielle dans une usine. Les conditions stipulées dans la présente formule demeurent en vigueur, jusqu'à ce qu'un avertissement par écrit de cessation d'humidification, soit envoyé à l'inspecteur en chef.

» Les communications et avertissements prévus par le présent extrait, doivent être adressés comme il suit :

Avertissement d'humidification, à :
H.M. Inspecteur en chef des usines, Home Office, Londres S.W.

Relevés d'humidification, à :
H.M. Inspecteur d'usines, 66, Victoria Street, Londres, S.W.

Autres communications, à :
L'inspecteur de district dont les noms et adresses figurent sur l'extrait relatif aux ateliers textiles ».

Ce règlement est également accompagné d'un avertissement à afficher dans tous les ateliers. Nous en donnons la traduction pour les raisons que nous venons d'indiquer plus haut.

Formule 46 (février 1912) *prescrite par le secrétaire d'Etat pour l'avertissement à afficher dans tout atelier, usine ou buanderie, spécifiant le volume de chaque salle en mètres cubes, et le nombre de personnes qui doivent y être employées pendant la durée ordinaire du travail* (1).

(1) *Dernière édition de la formule.*

Désignation de cha- que salle, lettre ou numéro distinctif.	Volume de chaque salle en mètres cu- bes.	Nombre de personnes qui peuvent être employées pendant la durée ordinaire du travail.

Signature de l'occupant :

» A moins que les indications ne soient données dans l'espace réservé à cet effet sur l'extrait affiché dans l'établissement, cet avertissement doit être affiché à l'entrée, et dans telle autre partie des locaux que désigne l'inspecteur, et doit rester constamment affiché.

» Il doit y avoir, dans chaque salle, au moins $7^{m3},10$ (250 pieds cubes) d'air pour chaque personne employée pendant l'espace de temps fixé pour le travail mais, pendant les heures supplémentaires et dans les boulangeries où le travail se fait la nuit à toute lumière autre que la lumière électrique, on doit donner $10^{m3},50$; dans les boulangeries souterraines et les ateliers qui servent de dortoirs la nuit, on doit donner $14^{m3},15$.

» Là où l'on permet les heures supplémentaires, un autre avertissement doit être affiché, spécifiant le nombre de personnes qui peuvent être employées dans chaque salle pendant ces heures supplémentaires; une formule d'avertissement séparée (formule 12) est préparée dans ce but ».

COLONIES ANGLAISES

La plupart des colonies anglaises possèdent des « Factory acts » analogues à la loi anglaise, contenant un ensemble de prescriptions relatives à l'hygiène et à la sécurité des travailleurs.

Nous nous bornerons à citer celles qui reproduisent les dispositions de la loi anglaise, relativement à l'humidification, ce sont :

Les lois canadiennes (Nouvelle-Ecosse 4 mai 1910), et la loi australienne.

Les lois de la province de Québec (9 mai 1885) et néo-zélan-

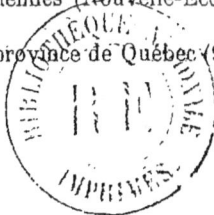

daises se bornent à citer les prescriptions relativement aux poussières, vapeurs, buées.

SUISSE

En Suisse, les règlements d'hygiène publique sont propres à chaque canton, sauf en ce qui concerne l'hygiène industrielle qui est réglementée par la loi fédérale sur les fabriques du 27 mars 1887.

Cette loi est la première qui ait imposé aux industriels un ensemble de mesures relatives à l'aération, à l'enlèvement des buées, des poussières, etc. Aucune fabrique ne peut être ouverte sans l'autorisation du gouvernement qui exerce sur les fabriques une sorte de tutelle.

En 1897, l'Inspectorat Fédéral des fabriques suisses a donné des instructions détaillées en ce qui concerne les mesures à appliquer pour l'enlèvement des buées.

Ces prescriptions n'ont pas encore envisagé la question de l'humidification à tolérer dans les ateliers.

ITALIE

Bien que l'Italie possède une organisation sanitaire des plus étendues, qui résulte de la loi du 22 décembre 1888 et que cette organisation sanitaire soit la plus méthodique qui puisse être conçue, néanmoins, elle n'a pas prescrit de mesures spéciales relativement à l'état hygrométrique des ateliers. Cependant, les « Medici Condotti », médecins sanitaires communaux choisis parmi les médecins de l'Assistance publique, ayant obtenu un diplôme spécial délivré par l'Ecole d'hygiène de Rome, ont des droits très étendus et des pouvoirs coercitifs très grands pour obliger les industriels à prendre les mesures nécessaires pour que l'hygiène règne dans les ateliers et que le renouvellement d'air, l'enlèvement des buées et des poussières soient faits convenablement.

AUTRES PAYS

La Hollande où les tissages de coton forment la presque totalité des établissements textiles a prévu, dans le décret du 10 août

1909, des dispositions empruntées à la loi anglaise, en ce qui touche les tissages *où l'air est humidifié par procédé mécanique*.

Les Etats Scandinaves : loi suédoise du 10 mai 1885, loi norvégienne du 27 juin 1892, loi danoise sur les fabriques du 1er juillet 1901, — la Russie : loi du 2 juin 1897, ont porté leur attention sur des questions d'hygiène et de sécurité des ateliers, mais aucune de ces lois ne contient de dispositions spéciales relativement au chauffage, à la ventilation et à l'état hygrométrique des ateliers. Même situation en ce qui touche certains Etats de l'Union américaine. Les lois de l'Etat de New-York, notamment, relatives : celle du 13 mai 1897 au travail industriel et celle du 1er avril 1899 aux industries insalubres, n'ont édicté également, en ces matières, aucune prescription.

DEUXIÈME PARTIE

EXAMEN TECHNIQUE DE LA QUESTION DE LA TEMPÉRATURE ET DE L'HUMIDITÉ DANS LES ATELIERS TEXTILES

Nous arrivons maintenant, Messieurs, à la seconde partie de notre étude, c'est-à-dire au côté théorique de la question. Tout d'abord, je vous dirai en commençant que le *Comité de filature et de tissage de la Société industrielle* avait décidé de procéder à une consultation auprès des industriels textiles, soit directement soit par l'entremise de leurs syndicats, et je profite de cette circonstance pour remercier ceux qui ont bien voulu nous donner l'appui de leurs connaissances. Toutefois les résultats de cette consultation furent négatifs, car nous nous sommes butés à des difficultés innombrables. Une filature de coton où l'on file des numéros 150 à 200 est aussi dissemblable d'une filature de coton où l'on file des numéros 6 à 20 qu'une fabrique d'instruments de précision l'est d'un atelier de constructions. On aura une idée de cette différence si l'on considère que le fil achevé sortant du renvideur produisant des gros numéros est souvent beaucoup plus gros que la mèche qui va être étirée et filée sur le renvideur produisant des fils extra fins.

La Société industrielle de Rouen qui, lors d'un congrès international, a également étudié la question, a eu elle-même les plus grandes difficultés à conclure. Aussi, dans son rapport, le rapporteur général s'exprimait-il ainsi :

« En filature de coton, le degré d'humidité varie avec le genre de fils à obtenir et va de 50 à 60 0/0 suivant les torsions demandées, et même au delà pour les fortes chaînes. Il augmente encore avec la finesse du numéro produit, jusqu'à atteindre 75 0/0 pour du n° 110, à 26 degrés centigrades ».

Pour la laine, les réponses à notre questionnaire nous laissèrent dans l'incertitude, car les renseignements donnés par Fourmies ne concordaient pas avec ceux donnés par Roubaix.

Enfin, le *Syndicat des filateurs de lin*, après une enquête très sérieuse, nous écrivait « qu'étant donné les résultats contradictoires qu'il avait obtenus, il préférait ne pas donner les résultats de sa consultation ».

C'est dans ces conditions que M. Neu, ingénieur de la maison Kestner, qui avait assisté à toutes nos réunions, voulut bien se charger d'étudier les conditions hygrométriques nécessaires dans les différentes industries textiles. Il mit au service de notre comité ses connaissances résultant d'une étude de neuf années et des observations faites dans plus de 300 salles de filature de lin, coton, laine, schappe ainsi que dans des tissages de ces différents textiles.

M. Neu avait eu l'occasion de monter des installations en France, en Angleterre, en Allemagne, en Alsace, en Belgique, en Italie et en Espagne ; il avait eu à discuter chaque fois la question avec des industriels ou des directeurs d'usine. En outre, pour mener à bien l'étude dont nous l'avions chargé, M. Neu n'hésita pas à entreprendre des voyages pour continuer ses études et c'est le résumé de discussions nombreuses comme d'opinions diverses, sanctionnées par la pratique, qu'il a condensé dans les tableaux que j'ai l'honneur de vous présenter.

Nous devons bien préciser que ces tableaux indiquent les meilleures conditions de température et d'humidité de l'air pour obtenir un bon travail, c'est-à-dire les **conditions idéales** qu'il faudrait maintenir, été comme hiver, par le chauffage ou le rafraîchissement et l'humidification. Cela ne veut pas dire qu'il soit possible de ne pas dépasser, dans les ateliers, les températures indiquées sur ces tableaux quand l'atmosphère extérieure est à un degré de température élevé ou quand elle est chargée d'humidité.

Nous nous expliquons à cet égard à la fin de notre travail.

FILATURE DE COTON

Tableau des températures et des états hygrométriques les plus favorables.

$\dfrac{t}{F}$ le 0/0 d'humidité de l'air.

T Température.

NATURE DES COTONS employés.	NUMÉRO des fils français.	CARDES.		ÉTIRAGES.		BANCS.		PEIGNEUSES.		FILATURE. Renvideurs. Trame.		Renvideurs. Chaîne.		Continus. Trame.		Continus. Chaîne.		OBSERVATIONS.
		T.	$\frac{t}{F}$	T.	$\frac{t}{F}$	T.	$\frac{t}{F}$	T.	$\frac{t}{F}$	T.	$\frac{t}{F}$	T.	$\frac{t}{F}$	T.	$\frac{t}{F}$	T.	$\frac{t}{F}$	
Gros numéros. Indes, Japon, Levant, Amérique court..............	4 à 20	22	50	22	55	22	55	»	»	22	55	22	60	22	65	22	70	
Numéros ordinaires. Amérique et Jumel Inférieur..	12 à 40	22	50	22	55	22	50	»	»	24	55	24	60	24	65	24	70	
Numéros mi-fins. Jumel, Louisiane long, Amérique du Sud..............	40 à 80	24	50	24	55	24	55	24	75	24	55	24	60	»	»	24	70	
Numéros fins. Jumels supérieurs: Abassï, Joannovich et Géorgie.........	60 à 106	25	55	25	60	25	60	25	75	27	55	27	60	»	»	»	»	
Numéros extra-fins. Géorgie, longues soies.......	80 à 160	25	55	25	60	25	60	25	75	29	55	29	60	»	»	»	»	Températures élevées indispensables pour la filature.
	126 à 195	25	55	25	60	25	60	25	75	30	55	30	60	»	»	»	»	
Sea Island..............	200 à 250	25	55	25	60	25	60	25	75	31	55	31	60	»	»	»	»	
Cotons teints. Amérique........	8 à 30	22	65	22	70	22	65	»	»	»	»	»	»	24	60	»	»	

FILATURE DE LIN, ÉTOUPE, JUTE, CHANVRE,
PHORMIUM ET RAMIE

Tableau des températures
et des états hygrométriques les plus favorables.

(Filature au sec).

TEXTILES.	DÉSIGNATION des salles.	TEMPÉRA- TURE (Thermo- mètre à boule sèche).	DEGRÉ indiqué au thermomètre à boule humide.	ÉTAT hygrométri- que à la température considérée.
Lin......	Magasin....	18°	16°	80 %
	Préparation .	18°	15° 1/2	70 —
	Filature . ..	24°	21° 1/2	80 —
	Dévidage....	18°	16°	80 —
Étoupe....	Mélanges ...	18°	17°	90 —
	Préparation .	18°	16°	80 —
	Filature	24°	21° 1/2	80 —
	Dévidage ...	18°	16°	80 —
Jute......	Préparation .	18°	15° 1/2	70 —
	Filature.....	22°	20° 1/2	80 —
Chanvre...	Préparation .	18°	15° 1/2	70 —
	Filature.....	22°	20° 1/2	80 —
Phormium.	Préparation .	18°	15° 1/2	70 —
	Filature	22°	20° 1/2	80 —
Ramie	Préparation .	18°	15° 1/2	70 —
	Filature....	22°	20° 1/2	80 —

FILATURE DE LAINE

Tableau des températures
et des états hygrométriques les plus favorables.

(Laine peignée).

NUMÉROS MÉTRIQUES.	$\dfrac{f}{F}$	T.	THERMOMÈTRE à boule humide.
Du n° 10 au n° 35.	80 %	24°	22°
Du n° 35 au n° 60.	85 —	24-	22 1/4
Du n° 60 au n° 120.	90 —	25-	23 3/4

Il est un fait indéniable, qui peut être formellement démontré par l'expérience, c'est que chaque lot de laine, de par la nature de ses filaments, nécessitera un degré hygrométrique légèrement différent pour donner une bonne marche en filature.

Cette recherche du degré hygrométrique de circonstance ne peut se faire que par tâtonnements, en forçant l'arrivée de l'humidité fournie par les appareils, ou en la diminuant. C'est dans la salle de filature, devant le renvideur, que se résoudra le problème, et chaque fois suivant le genre de laine en présence.

(Laine cardée).

SALLES.	$\dfrac{f}{F}$	T.
Préparation...............	60 %	22°
Filature...................	70 —	24°

SOIE ARTIFICIELLE

SALLES.	$\dfrac{f}{F}$	T.
Dévidage...................	80 %	17°
Retordage.................	80 —	17°

TISSAGE DU LIN, JUTE, CHANVRE, COTON, ETC.

Tableau des températures
et des états hygrométriques les plus favorables.

TEXTILES.	DÉSIGNATION DES SALLES.	TEMPÉRA-TURE Thermo-mètre à boule sèche.	ÉTAT hygrométri-que à la température considérée.
Coton	Préparation..............	18°	65 %
	Tissage métiers ordinaires...	»	75
	— — Northrop...	»	85
	— — Jacquard ..	»	70
Lin......	Préparation....	18°	65
	Tissus métiers ordinaires....	»	85
	— — Jacquard... .	»	75
Jute......	Préparation.............	18°	65
Chanvre..	Tissage	18°	80
Ramie....			
Laine	Préparation.............	18°	60
	Tissus métiers ordinaires....	»	70
	— — Jacquard....	»	65
Soie.....	Préparation.............	18°	60
	Tissus ordinaires	»	70
	— Jacquard..........	»	65

Les températures indiquées sont un peu supérieures à celles qui seraient réellement indispensables pour tisser les gros numéros, de même les états hygrométriques.

Si nous donnons ces chiffres, c'est qu'ils résultent de la moyenne qu'il a fallu établir avec les tissages qui n'utilisent que les numéros fins.

Les tissages de lin qui font de la batiste ont besoin d'un état hygrométrique de 90 0/0 à 18°. Les tissages de toiles à voiles en lin et chanvre, les tissages de jute pour sacs peuvent descendre jusqu'à une température de seize degrés; pour tisser le calicot, cette température est encore suffisante.

Une autre remarque encore : là où l'on emploie des métiers Jacquard, l'état hygrométrique doit être un peu plus faible que dans les tissages de métiers ordinaires. Ce n'est pas que le travail du fil ne serait pas meilleur si l'on pouvait humidifier davantage, mais on risquerait d'influencer les cartons. Avec les états hygrométriques que nous mentionnons, il n'y a aucune crainte à avoir pour les cartons.

TRAVAIL DE LA SOIE ET DE LA SCHAPPE

Tableau des températures et des états hygrométriques les plus favorables.

PROVE-NANCE.	DÉSIGNATION DES SALLES.	TEMPÉRA-TURE	ÉTAT hygrométrique à la température considérée.
Soie grège. (mouli-nage)..	Dévidage................	18°	70 %
	Purgeage...............	18°	70 —
nage)..	Filage..................	22°	85 —
Doublage.	Organsins.........		
	Grenadines.........	22°	75 —
	Cordonnets..........		
Doublage.	Trames..............		
	Crêpes..............	22°	65 —
	Poils		
	Reflottage............	18°	70 —
Schappe (peignage)..	Peignage.............	18°	70 —
	Epluchage et étaleuses... ..	18°	70 —
Filature..	Cardes et préparations (pour bourettes)...............	18°	70 —
	Continus à filer, schappe fortement décreusée.........	22°	70 —
	Schappe faiblement décreusée.	22°	65 —

Les conditions que nous avons indiquées dans ces cinq tableaux sont les **conditions idéales** qu'il faut tendre à maintenir dans les salles de travail, hiver comme été, quels que soient les températures et les états hygrométriques de l'air extérieur.

Cette atmosphère favorable varie, comme nous l'indiquons,

pour chaque textile; il faut donc la créer artificiellement : de là, les installations combinées de chauffage, de ventilation et d'humidification.

Si, dans une certaine mesure, nous pouvons obtenir le maintien, en hiver de ces températures et états hygrométriques estimés les plus favorables pour la production, avons-nous les moyens pratiques de les maintenir en été pendant les trois ou quatre mois de chaleur?

Telle est la question que le bureau de l'Union textile m'a posée en m'indiquant les deux cas les plus difficiles : la filature de laine peignée et la filature de lin *au mouillé*. J'ai donc soumis à M. l'ingénieur Neu le problème suivant :

Maintenir, pendant les chaleurs de l'été, 23° maximum au thermomètre mouillé, avec un état hygrométrique minimum de 80 0/0 dans une salle de filature de laine peignée de 30.000 broches et dans une filature de lin au mouillé.

Évaluer :

1° *le renouvellement d'air nécessaire;*
2° *le coût approximatif de l'installation;*
3° *la force absorbée par celle-ci.*

Filature de laine peignée.

M. Neu a basé ses calculs sur une température extérieure de 30° qui est souvent dépassée aux heures chaudes de la journée.

Il a supposé une salle de filature en rez de chaussée, sheds ordinaires, double vitrage, toiture bien isolée.

Étant donné qu'il faudrait maintenir 23° au thermomètre mouillé, pour obtenir un état hygrométrique de 80 0/0, la température de la salle ne devrait pas dépasser, dans tous les cas supposés, 25 1/2 au thermomètre sec.

M. Neu s'est placé dans les conditions les meilleures en admettant que l'installation mécanique qui assurerait la température et l'état hygrométrique soit capable :

1° d'assurer la saturation physique de l'air;
2° de sursaturer cet air à raison de 1 gramme d'eau par mètre cube d'air introduit.

Tous les appareils ne donnent pas ces résultats; d'autres, au contraire, donnent des résultats un peu supérieurs; il a donc tablé sur une très bonne moyenne.

M. Neu a établi le tableau ci-contre (p. 29) qui résume ses

PUISSANCE desappareils (mètres cubes d'air introduits par heure dans la salle)	PRIX approximatif de l'installation.	FORCE absorbée.	RENOUVELLEMENT d'air par heure.	Extérieur — THERMOMÈTRE à boule sèche.	Extérieur — THERMOMÈTRE à boule humide.	Extérieur — ÉTAT hygrométrique. %	NOMBRE do frigories à produire.	TEMPÉRATURE de l'air après saturation.	Intérieur — THERMOMÈTRE à boule sèche.	Intérieur — THERMOMÈTRE à boule humide.	Intérieur — ÉTAT hygrométrique. %
213.000	36.000	34 HP.	5 fois	28°	20°	45	441 000	19°	25°,5	23°	80
363.000	55.000	56	10	28°	24°	70	441.000	23°,5	25,5	24°	90
224.000	38.000	37	6	30°	21°	40	473.000	20°	25,5	23°	80
390.000	61.000	62	11	30°	24°	60	473.000	23°	25,5	24°	90
260.000	42.000	39	7 — 1/2	35°	23°	30	516.000	21°	25,5	23°	80
				35°	28°,5	60		28°			

calculs ; en le remettant il fait remarquer qu'ils ne peuvent être qu'approximatifs, puisqu'il n'a pas travaillé sur des plans exacts d'une filature considérée ; il déclare pourtant que ses calculs ne s'écartent pas de la réalité de plus de 10 0/0.

Il déclare que le problème est impossible à réaliser avec les températures extérieures à saturation élevée, c'est-à-dire humides. En effet, quand on ne peut rafraîchir l'air extérieur en dessous de 25°,5, il devient impossible d'enlever les calories qui se dégagent dans la salle et, par conséquent, d'abaisser suffisamment la température pour obtenir 80 0/0 sans dépasser 23° au thermomètre à boule humide.

Voici plusieurs exemples :

TEMPÉRATURE extérieure		ÉTAT hygrométrique extérieur.	TEMPÉRATURE de l'air après saturation.
Th. à boule sèche.	Th. à boule humide.		
28°	26°	85 %	25°,7
29°	26° 1/2	80 —	26°
30°	26° 1/2	75 —	28°
31°	26° 1/2	70 —	26°
32°	27°	65 —	26°,2
33°	27°	60 —	26°,2
34°	27°	55 —	26°,2
35°	27°	50 —	26°

Comme on le voit, dans ces différents cas, le thermomètre à boule humide à l'extérieur est sensiblement au-dessus de 23°.

M. Neu démontre que :

L'installation de l'humidification, destinée au refroidissement par évaporation devrait, en même temps, être doublée d'une installation d'appareils refroidisseurs par contact, avec réfrigérants genre Westinghouse-Leblanc. Dans ce cas, il faut compter que le nombre de frigories qu'on peut produire industriellement par HP ne dépasse pas 3.000 ; il faudrait donc employer des appareils absorbant une force considérable et variant pour la salle qui nous intéresse entre 150 et 175 HP !

Le coût d'une telle installation varierait entre 140.000 francs et 180.000 francs, suivant que le problème serait posé sur la base de 28° ou 35° à l'extérieur !

Si les appareils électriques Paillet et société Ducretel et Roger avaient donné les résultats escomptés, le problème n'aurait pas été cependant résolu car le thermomètre à boule humide n'aurait pas, peut-être, dépassé 28° mais, par contre, la température serait devenue insupportable et aurait dépassé très sensiblement celle de l'extérieur.

Filature de lin « au mouillé ».

Pour ce qui est de la filature de lin, M. Neu déclare que le problème posé est irréalisable.

Il démontre que si, en combinant la ventilation et l'humidification, on peut arriver à améliorer l'état hygrométrique des salles de filature *au sec* et à les rafraîchir, dans la filature *au mouillé*, l'air de la salle étant saturé, il faut prendre l'air sec à l'extérieur et par conséquent à la température qu'il a à l'extérieur. En été, la température des salles de filature au mouillé monte parfois à 35°, et il n'y a malheureusement rien à faire, car si vous introduisez de l'air froid dans ces milieux saturés, vous avez immédiatement un brouillard et même la pluie.

CONCLUSIONS

Les résultats de cette étude sont les suivants :

1° *Filature de lin au mouillé :*
Il est matériellement impossible de ne pas dépasser une température maximum de 23° au thermomètre à boule humide ; appliquer les théories du Dr Haldane à la filature de lin ce serait simplement obliger les industriels à fermer leurs établissements, ce qui priverait de leur gagne-pain plusieurs milliers d'intéressants travailleurs.

2° *Filature de laine peignée :*
La solution du problème exigerait l'installation, pour une filature moyenne de 30.000 broches, d'appareils coûtant une somme de 180.000 francs, avec une augmentation de force de

175 HP, c'est-à-dire des dépenses hors de proportion avec les résultats à obtenir et que les industriels seraient incapables de supporter.

3° *Filature de coton (numéros extra fins).* — Même observation.

4° *l'ilature de coton, gros numéros et numéros fins, filature de lin au sec, tissage des différents textiles* :
Que dans toutes ces industries, les difficultés seraient très grandes sans être aussi compliquées que dans la filature de lin au mouillé et dans la filature de laine peignée.

En résumé, les efforts des industriels doivent seulement tendre à améliorer la ventilation de leurs établissements en tenant le plus grand compte qu'il faut abaisser dans toute la mesure possible le degré indiqué par le thermomètre à boule humide. Ils y sont directement intéressés, car, en dehors de la question humanitaire qui ne les laisse jamais indifférents, ils savent tous que, pour obtenir des ouvriers un bon travail intensif, il faut les placer dans les meilleures conditions hygiéniques.

BAR-LE-DUC. — IMPRIMERIE CONTANT-LAGUERRE

IMPRIMERIE
CONTANT-LAGUERRE

BAR-LE-DUC

www.ingramcontent.com/pod-product-compliance
Lightning Source LLC
Chambersburg PA
CBHW060748280326
41934CB00010B/2409